UN LUGAR PARA LOS MURCIÉLAGOS

For Caroline Grace
—M. S.

For Patrycja Bond, with thanks
—H. B.

Ω

Publicado por
PEACHTREE PUBLISHING COMPANY INC.
1700 Chattahoochee Avenue
Atlanta, Georgia 30318-2112
PeachtreeBooks.com

Traducción: Hercilia Mendizabal Frers
Diseño del libro: Loraine M. Joyner
Las ilustraciones fueron creadas con acrílicos sobre
cartón de ilustración prensado en frío.

Impreso en agosto de 2023 por Leo Paper, Heshan, China
10 9 8 7 6 5 4 3 2 1 (rústica)
ISBN: 978-1-68263-544-5

Los datos de catalogación y publicación se pueden
obtener de la Biblioteca del Congreso.

UN LUGAR PARA LOS MURCIÉLAGOS

Melissa Stewart

Ilustrado por
Higgins Bond

Ω
PEACHTREE
ATLANTA

Los murciélagos hacen de nuestro mundo un lugar mejor. Pero, a veces, las personas hacen cosas que les dificultan vivir y crecer.

Si trabajamos juntos para ayudar a estas criaturas aladas de la noche,
siempre habrá un lugar para los murciélagos.

ALAS DE PIEL

La piel gruesa y correosa que recubre las alas de los murciélagos se extiende entre los largos y delgados huesos de sus dedos. Al mover levemente los dedos, esta bola peluda voladora puede cambiar de dirección a la velocidad de un rayo. Con su vuelo en zigzag, en picada y sus zambullidas, un murciélago puede atrapar fácilmente con sus patas traseras un insecto en pleno vuelo. Luego, el hambriento cazador se mete la presa a la boca.

MURCIÉLAGO DE COLA LIBRE
Tadarida brasiliensis

Para que los murciélagos puedan sobrevivir deben estar sanos y seguros. Hay gente que mata a los murciélagos porque cree que son peligrosos.

MURCIÉLAGO DE INDIANA
Myotis sodalis

A principios del siglo XIX, millones de murciélagos de Indiana pasaban los inviernos dentro de cuevas en Kentucky, Misuri e Indiana. La gente se metía a hurtadillas en algunas de esas cuevas y mataba a los murciélagos con garrotes. A veces prendían fogatas para que los murciélagos se quemaran. Para la década de 1960 habían desaparecido casi todos los murciélagos de esta especie. Hoy, existen grupos como Bat Conservation International que se dedican a compartir información sobre la importancia de los murciélagos en nuestro mundo. Se espera que educar a la gente ayude a salvar a los murciélagos de Indiana.

Los murciélagos no nos pueden hacer daño, y devoran insectos molestos durante la noche. Cuando la gente conoce datos reales sobre estos pequeños voladores nocturnos, los murciélagos pueden vivir y crecer.

Algunos murciélagos mueren cuando vuelan demasiado cerca de las turbinas eólicas que se usan para crear energía.

MURCIÉLAGO CENICIENTO
Lasiurus cinereus

En 2008 unos científicos descubrieron que cuando un murciélago ceniciento vuela a través de una zona de baja presión alrededor de las aspas de una turbina eólica, el aire se expande repentinamente dentro de sus pulmones. Los vasos sanguíneos alrededor de sus pulmones estallan y el murciélago muere. Cuando los científicos entendieron el problema, encontraron la manera de resolverlo. Los murciélagos están más activos durante las noches sin viento, cuando las turbinas producen poca energía. Si las compañías eléctricas apagan las turbinas cuando no sopla el viento, pueden salvar a los murciélagos cenicientos casi sin dejar de producir energía.

Cuando la gente apaga las turbinas eólicas durante las noches sin viento, los murciélagos pueden vivir y crecer.

Los murciélagos se pueden ahogar si quedan atrapados en un bebedero para ganado o caballos.

Cuando los rancheros agregan rampas de escape a sus bebederos,
los murciélagos pueden vivir y crecer.

MURCIÉLAGO OREJAS DE RATÓN CALIFORNIANO
Myotis californicus

Cuando un murciélago tiene sed, baja en picada, toma un trago de agua rápido y sigue volando. El murciélago podría no notar que hay objetos que bloquean su camino. Si choca con un bebedero y cae dentro, quizá no pueda escapar. Y si no recibe ayuda, el murciélago se ahogará.

A partir de 2007, los rancheros del oeste de los Estados Unidos han comenzado a agregar rampas de escape a sus bebederos. Los murciélagos pueden trepar por estas rampas para luego sacudirse hasta secarse y reiniciar su vuelo nocturno. Las rampas de escape han salvado las vidas de muchísimos murciélagos.

Miles de murciélagos están muriendo de una terrible enfermedad llamada síndrome de la nariz blanca. Los científicos creen que esta enfermedad es causada por un hongo que provino de Europa.

Cuando los científicos descubran la forma de tratar esta enfermedad, los murciélagos podrán vivir y crecer.

PIPISTRELO DEL ESTE AMERICANO
Perimyotis subflavus

En 2006 los murciélagos comenzaron a morir en los Estados Unidos de manera repentina. El culpable era un hongo. ¿De dónde provenía? ¿Cómo se propagaba? Los científicos no lo sabían.

Más tarde, en 2013, un grupo de investigadores descubrió que en Europa había murciélagos sanos con el mismo hongo. Debió de haberse propagado a través de la ropa y los zapatos de la gente. Ahora los científicos quieren saber por qué el hongo resultó letal para los murciélagos de América. La respuesta podría ayudarles a encontrar la manera de salvar a los murciélagos que sufren de esta enfermedad.

Algunos murciélagos pasan los días durmiendo en los árboles de los jardines. Si un gato hambriento los ve, los atacará.

MURCIÉLAGO CREPUSCULAR AMERICANO
Nycticeius humeralis

Anteriormente estos murciélagos dormían seguros en bosques profundos y oscuros. Pero conforme los bosques fueron desapareciendo, más y más murciélagos comenzaron a pasar sus tardes en árboles de los jardines de la gente. El ruido de los vecindarios puede dificultar que perciban peligros como el que representa un gato al acecho… hasta que es demasiado tarde. No dejar salir a los gatos de las casas puede evitar la muerte de murciélagos, pájaros y otras criaturas que visitan nuestros jardines.

Cuando la gente mantiene a los gatos en el interior de sus casas,
los murciélagos pueden vivir y crecer.

Los murciélagos también necesitan lugares seguros para cuidar a sus crías. Algunas crías de murciélago crecen dentro de cuevas.

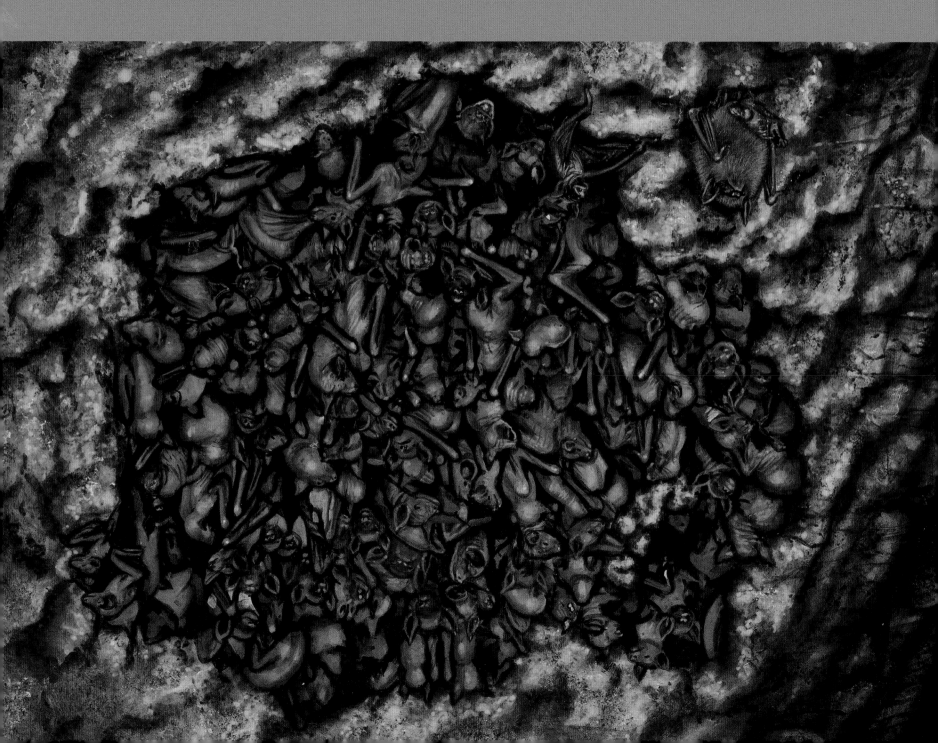

Cuando se construyen rejas para evitar que ingresen exploradores curiosos a las cuevas, los murciélagos pueden vivir y crecer.

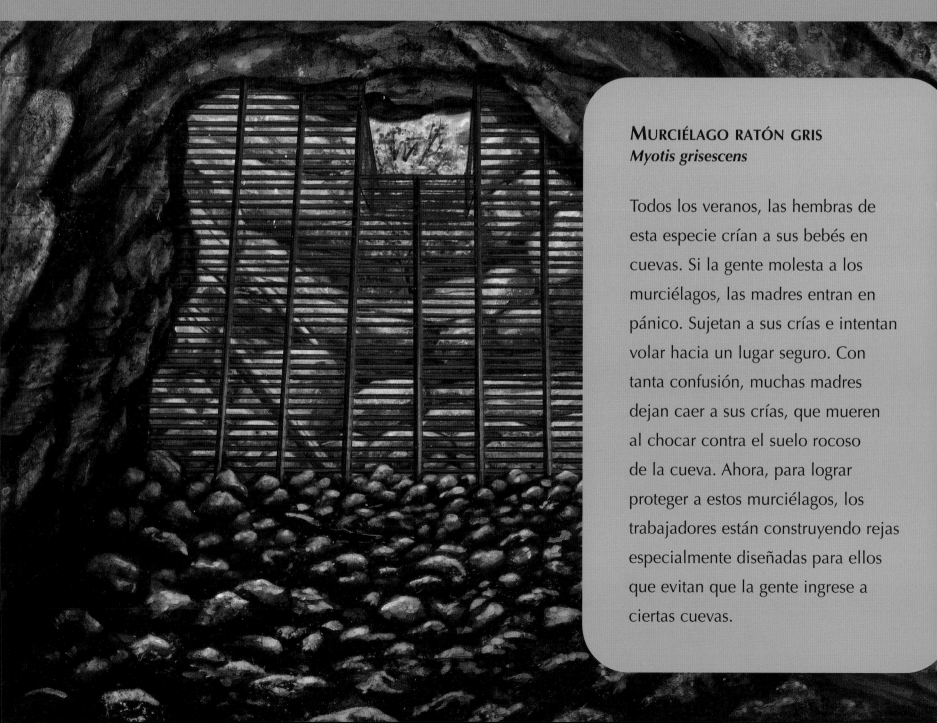

MURCIÉLAGO RATÓN GRIS
Myotis grisescens

Todos los veranos, las hembras de esta especie crían a sus bebés en cuevas. Si la gente molesta a los murciélagos, las madres entran en pánico. Sujetan a sus crías e intentan volar hacia un lugar seguro. Con tanta confusión, muchas madres dejan caer a sus crías, que mueren al chocar contra el suelo rocoso de la cueva. Ahora, para lograr proteger a estos murciélagos, los trabajadores están construyendo rejas especialmente diseñadas para ellos que evitan que la gente ingrese a ciertas cuevas.

PEQUEÑO MURCIÉLAGO CAFÉ
Myotis lucifugus

En el pasado, los pequenos murciélagos cafés criaban a sus bebés debajo de la corteza floja de árboles secos. Pero luego la gente comenzó a derribar los árboles secos dentro de sus propiedades. Por fortuna, algunas personas notaron el problema y comenzaron a construir cajas para murciélagos. Hoy se pueden ver estas cajas en jardines y zonas boscosas a través de toda Norteamérica.

Cuando la gente construye cajas para murciélagos del tamaño
y la forma adecuados, los murciélagos pueden vivir y crecer.

A los murciélagos les cuesta trabajo sobrevivir cuando se destruye su hábitat. Algunos murciélagos solamente pueden vivir en zonas arboladas abiertas cerca de ríos y arroyos.

MURCIÉLAGO ROJO DEL OESTE
Lasiurus blossevillii

Los murciélagos rojos del oeste cuelgan de árboles que crecen a orillas del río Colorado. Pero a medida que la gente drena agua del río, los árboles mueren y se destruye el paisaje. Afortunadamente, algunos científicos de California y Arizona notaron el problema. Ahora trabajan juntos para proteger 310 hectáreas de tierra a lo largo del río para los murciélagos y otros animales.

Cuando la gente conserva algunas de estas áreas naturales,
los murciélagos pueden vivir y crecer.

Otros murciélagos solamente pueden sobrevivir en bosques densos con una gran cantidad de árboles grandes y viejos.

Cuando la gente protege la tierra y los árboles, los murciélagos pueden vivir y crecer.

MURCIÉLAGO CANOSO
Lasionycteris noctivagans

Durante muchos años, los guardabosques talaron los árboles muertos en bosques de árboles muy viejos. Pero luego los científicos descubrieron que los murciélagos canosos se posaban debajo de la corteza floja de árboles secos. Hoy en día, los guardabosques no talan los árboles secos para que los murciélagos tengan un lugar donde dormir.

Algunos murciélagos pasan sus días durmiendo en palmeras. Se esconden debajo de las hojas secas para resguardarse de sus enemigos.

Cuando la gente no retira las hojas secas y colgantes de las palmeras de sus jardines, los murciélagos pueden vivir y crecer.

MURCIÉLAGO COLA PELUDA NORTEÑO
Lasiurus intermedius

A mucha gente no le gusta cómo se ven las hojas secas y marrones que cuelgan de las palmeras. Cortan las frondas para que las palmeras se vean cuidadas y limpias. Pero hace poco la gente del sur de Texas se dio cuenta de que esta especie de murciélago se posa debajo de las frondas. Por eso, hoy en día algunos residentes de la zona están dejando en sus palmeras las frondas secas para que los murciélagos tengan un lugar seguro donde dormir.

Cuando la gente obstruye las entradas a viejas minas abandonadas pueden morir miles de murciélagos.

MURCIÉLAGO MORENO
Eptesicus fuscus

Los pozos abiertos de las minas pueden ser muy peligrosos, así que los dueños de las tierras a menudo los rellenan. Pero si hay murciélagos dentro, quedarán enterrados vivos. Justo antes de que cerraran la mina Millie Hill en Iron Mountain, Michigan, un grupo de científicos encontró millones de murciélagos morenos dentro. En lugar de obstruir el pozo, los trabajadores construyeron una jaula de acero alrededor de la abertura. Ahora los murciélagos pueden entrar y salir con facilidad, y ningún humano caerá dentro de la mina.

PELIGRO
NO
ENTRAR

Cuando mueren demasiados murciélagos, otras especies también pueden tener dificultades para sobrevivir.

LAS PLANTAS NECESITAN A LOS MURCIÉLAGOS

En las zonas cálidas del mundo, algunos murciélagos beben el néctar azucarado de las flores. Mientras beben, los murciélagos esparcen polen de una flor a otra. Las plantas utilizan material del polen para dar frutos con nuevas semillas dentro.

Otros murciélagos comen fruta. Cuando los murciélagos producen excremento, las semillas caen en el suelo. Si la tierra es fértil y está húmeda, las semillas crecerán y producirán nuevas plantas. Las bananas, los duraznos, los aguacates, los dátiles, los higos y los mangos dependen de los murciélagos para que esparzan su polen y transporten sus semillas a nuevos lugares.

Por eso es tan importante proteger a los murciélagos y los lugares en los que habitan.

OTROS ANIMALES NECESITAN A LOS MURCIÉLAGOS

Los murciélagos son una parte importante de la cadena alimenticia. Las serpientes, los mapaches, las zarigüeyas, las comadrejas y los zorrillos hambrientos se alimentan de los murciélagos que duermen en los árboles. Los halcones y los búhos pueden atrapar a los murciélagos en pleno vuelo. Si desaparecen demasiados murciélagos, sus depredadores deberán esforzarse más para conseguir alimento.

MURCIÉLAGO
MAGUEYERO MENOR
Leptonycteris yerbabuenae

Los murciélagos han vivido en la Tierra durante más de cincuenta millones de años.

CÓMO NOS AYUDAN LOS MURCIÉLAGOS

Los murciélagos nos ayudan a sobrevivir. Al alimentarse de insectos, los murciélagos protegen las plantas que crecen en los campos de los granjeros. Todas las noches, los murciélagos de cola libre que habitan en una cueva de Texas devoran unas 180 toneladas de insectos que se alimentan de cultivos. Los murciélagos también comen mosquitos y otros insectos que pueden contagiarnos enfermedades. Un pequeño murciélago café puede atrapar 1000 mosquitos en tan solo una hora.

A veces la gente hace cosas que pueden dañar a los murciélagos. Pero hay muchas maneras en las que tú puedes ayudar a que estas criaturas especiales vivan durante mucho tiempo más.

CÓMO PODEMOS AYUDAR A LOS MURCIÉLAGOS

❖ Instala una casa para murciélagos en tu jardín.

❖ Siembra un jardín silvestre con plantas que atraigan polillas y otros insectos nocturnos de los que puedan alimentarse los murciélagos.

❖ No rocíes sustancias químicas que puedan dañar a los murciélagos.

❖ No entres a una cueva si crees que podría haber murciélagos dentro.

❖ Únete a un grupo que trabaje para proteger a los murciélagos de tu zona.

❖ Patrocina a un murciélago a través de un programa de adopción de un murciélago.

DATOS SOBRE LOS MURCIÉLAGOS

* Nadie sabe exactamente cuántos tipos de murciélagos habitan en el planeta Tierra. Hasta la fecha, los científicos han descubierto más de 1200 especies diferentes. En Norteamérica viven 45 tipos de murciélagos.
* Casi todos los murciélagos de Norteamérica y el 70% de los murciélagos del mundo se alimentan de insectos. Pero algunos murciélagos comen fruta, néctar, peces, ranas, lagartijas y pájaros.

* El murciélago moscardón (*Craseonycteris thonglongyai*) es el murciélago más pequeño del mundo. Tiene el tamaño aproximado de un abejorro. El zorro volador (*Pteropus*) es el murciélago más grande del mundo. Sus alas pueden alcanzar una envergadura de un metro y medio.
* Los murciélagos son los únicos mamíferos que pueden volar. El murciélago moreno es el murciélago más veloz del mundo. Puede desplazarse por el aire a casi 65 kilómetros por hora.
* Los murciélagos vampiro (*Desmodontinae*) de Centroamérica y Sudamérica, que chupan sangre, en general se alimentan de gallinas, pavos, patos y gansos. A veces chupan la sangre de cerdos, vacas y caballos.

BIBLIOGRAFÍA SELECTA (EN INGLÉS)

Di Silvestro, Roger. "Drinking on the Fly: The Unique Habits of Thirsty Bats Are Putting the Animals at Risk throughout the Arid West, but a Simple Solution May Solve this Problem". *National Wildlife,* 1 de junio de 2007, pp. 31–37.

Fenton, M. Brock y Simmons, Nancy B. *Bats: A World of Science and Mystery*. Chicago, IL: Chicago University Press, 2015.

"Gray Bat Fact Sheet," U.S. Fish & Wildlife Service. Disponible en línea en *http://www.fws.gov/midwest/Endangered/mammals/grbat_fc.html*

Toops, Connie. "Going to Bat for Bats." *National Parks*. Enero-febrero 2001, pp. 28–31.

Tuttle, Merlin D. *America's Neighborhood Bats*. Austin, TX: University of Texas Press, 2005.

Tuttle, Merlin D. *The Secret Lives of Bats*. Boston, MA: Houghton Mifflin, 2015.

Warnecke, L., J. M. Turner, T. K. Bollinger, J. M. Lorch, V. Misra, P. M. Cryan, G. Wibbelt, D. S. Blehert y C. K. R. Willis. "Inoculation of bats with European *Geomyces destructans* supports the novel pathogen hypothesis for the origin of white-nose syndrome." *Proceedings of the National Academy of Sciences of the United States of America*. 1 de mayo de 2012, pp. 6999–7003.

"Western Red Bat", Lower Colorado River Multi-Species Conservation Program. Disponible en línea en *https://www.lcrmscp.gov/activities/species-Western-Red-Bat?id=38786*

RECOMENDACIONES PARA JÓVENES LECTORES (EN INGLÉS)

Bat Conservation International. *http://www.batcon.org/*

Carney, Elizabeth. *Bats*. Washington, DC: National Geographic Society, 2010.

Davies, Nicola. *Bat Loves the Night*. Cambridge, MA: Candlewick, 2004.

Defenders of Wildlife: Bats. *https://defenders.org/wildlife/bats*

Markle, Sandra. *Little Lost Bat*. Watertown, MA: Charlesbridge, 2009.

Williams, Kim, Rob Mies, y Donald y Lillian Stokes. *Stokes Beginner's Guide to Bats*. Nueva York: Little, Brown & Company, 2002.

AGRADECIMIENTOS

El Smithsonian National Museum of Natural History facilitó mapas de áreas e información sobre hábitats para la mayoría de los murciélagos mencionados en este libro.